# 童眼识天下 科普馆

## CAO YUAN DONG WU
# 草原动物

童心○编绘

化学工业出版社

·北京·

**编绘人员：**

王艳娥　王迎春　康翠苹　崔　颖　王晓楠　姜　茵
李佳兴　丁　雪　李春颖　董维维　陈国锐　寇乾坤
王　冰　张玲玮　盛利强　边　悦　王　岩　李　笪
张云廷　陈宇婧　宋焱煊　赵　航　于冬晴　杨利荣
张　灿　李文达　吴朋超　曲直好　付亚娟　陈雨溪
刘聪俐　陈　楠　滕程伟　高　鹏　虞佳鑫

**图书在版编目(CIP)数据**

童眼识天下科普馆.草原动物 / 童心编绘 . —北京：化
学工业出版社，2017.9（2025.1重印）
　ISBN 978-7-122-30271-7

　Ⅰ.①童…　Ⅱ.①童…　Ⅲ.①常识课 - 学前教育 -
教学参考资料　Ⅳ.①G613

中国版本图书馆 CIP 数据核字（2017）第 172723 号

项目策划：丁尚林　　　　　　　　　　　责任校对：吴　静
责任编辑：隋权玲　　　　　　　　　　　封面设计：刘丽华

出版发行：化学工业出版社(北京市东城区青年湖南街13号　邮政编码100011)
印　　装：北京宝隆世纪印刷有限公司
889mm×1194mm　1/20　印张4　2025年1月北京第1版第12次印刷

购书咨询：010-64518888　　　　　　售后服务：010-64518899
网　　址：http://www.cip.com.cn
凡购买本书，如有缺损质量问题，本社销售中心负责调换。

定　　价：19.80元

草原是世界上分布最广的植被类型。除了南极洲，地球各大洲都有草原。在广阔的草原上，生活着种类繁多的食草动物和食肉动物。

威风凛凛的狮子、集团作战的鬣狗、以速度快著称的猎豹、擅长伏击的尼罗鳄、讲究卫生的秃鹫……它们是草原上的掠食者，各自拥有独特的捕食本领。它们的存在，宣告着弱肉强食的草原法则。

食肉动物让草原危机四伏，但食草动物们也有自己的应对策略：长脖子是长颈鹿的瞭望塔，跳跃是跳羚的逃脱法宝，象牙是大象的御敌利器，龟甲是四爪陆龟的随身保护甲……

怎么样，草原动物的世界很吸引人吧？那还等什么，快翻开《草原动物》一书，感受草原生灵的别样风采吧！

# 目录
## CONTENTS

**36**

**30**

08

# 狮子，草原王者

狮子是草原上最勇猛的动物，素有"草原之王"的称号。它体格健壮，吼声震天，即便懒洋洋地趴在地上，浑身上下也显露出一种不怒自威的气势。如果它发起怒来，那更是不得了，这时其他动物只能快点儿逃跑，否则就有丧命的危险。

**雌狮捕猎**

一个狮群通常由 4～35 只狮子组成。它们团结协作，各有分工。不过，狩猎的任务通常是由雌狮来完成的。这是因为雄狮体形较大，脖子上长有鬃（liè）毛，捕食时容易暴露。而雌狮皮毛光滑，动作灵活，能够匍匐前进，捕食的成功率更高。不过，雄狮是狮群的至尊，雌狮捕获的猎物通常先由雄狮享用。

**我可不是"懒汉"！**

千万不要以为雄狮就是一个贪吃的懒汉，它的责任比雌狮要大得多！雄狮常常缓慢地散步，或静静地晒太阳，其实它这是在巡视领地，观察周围动静。如果有侵犯者出现，它不用有所动作，只需大吼一声，就作出了警告："这是我的地盘！赶紧走开！"

# 爱抢食的 鬣狗

在非洲大草原上，时常回荡着令人毛骨悚然的号叫声，这种叫声是鬣狗发出的。鬣狗是草原上的"投机分子"，它们群居在一起，常常抢夺其他猎食者的食物。

## 粗鲁的吃相

鬣狗捕猎时喜欢采用群攻战术，这样狩猎的成功率会更高。一旦捕猎成功，鬣狗们就会迫不及待地一拥而上，同时咬住猎物身体的各处，大力撕咬。鬣狗吃东西的样子完全可以用"狼吞虎咽"来形容。有时，它们甚至连猎物的骨头都会嚼碎吞下，就像饿了好几天似的。其实，它们这样做是为了防止其他猛兽来偷袭抢食。

## 哼！没有食物就去抢！

　　除了自己捕捉猎物外，鬣狗也经常抢夺其他动物辛苦得来的战利品。虽然不能与狮子、猎豹这些劲敌单打独斗，但群体战术却往往能够奏效，能让鬣狗们抢到食物，饱腹而归。不过，聪明的鬣狗也会审时度势。如果对方过于强大，它们就会乖乖地等待对方吃饱离开，然后再去吃剩下的"残羹"。

结盟礼仪

　　鬣狗合力围捕猎物之前通常要先结盟。将要结盟的鬣狗们会面时，非常注重见面礼仪。它们会不停地摇晃尾巴，用各种叫声相互"对话"，还会用舌头舔来舔去，以此表达情谊。这几项礼仪能迅速拉近彼此的距离，培养默契。

# 长鼻子的大象

在广阔的非洲大草原上，生活着这样一群动物。它们长着蒲扇般的耳朵、灵活的长鼻子和洁白弯曲的牙齿，更有像柱子一样粗壮的四肢。没错，它们就是外表霸气但性情温和的大象！

### 温馨有爱的家庭

大象是群居动物，一个象群通常由母象和它们的孩子组成。象群的首领是一头年纪大、颇有威望的母象，因为它的经验最丰富，能够更好地领导象群。象群的觅食地点、行动路线和活动时间都由首领决定。象群成员之间非常友爱，它们把彼此看成亲密的家人，倘若有一头象生病、受伤，其他象绝不会丢下它不管。

## 哇！它的鼻子好灵活！

大象有一条又长又灵活的鼻子，它是大象的"第五条腿"。除了闻味道，长鼻子还有许多用处。有了这条长鼻子，无论是高处的树叶还是地上的嫩草，大象都可以轻松吃到。另外，长鼻子可以用来喝水、洗澡，还能用来和同伴们打招呼呢！

### 大象的"各种大"

大象的身材高大自不必说，最大的大象身长超过7米，体重大约6吨。此外，大象的食量也很大，它每天大部分时间都在采集食物，一天就能吃掉225千克的食物，但是它的消化功能并不好，大部分食物还没消化就被排出了体外。

## 泥浆浴

大象经常在泥浆里滚来滚去，把身体弄得脏兮兮的。也许你会想，大象实在是太不讲卫生了，这你可冤枉它了。虽然大象的皮肤很粗糙，但非常敏感，上面的毛少，很容易得皮肤病，所以需要经常洗泥浆浴。穿上一层"泥浆外衣"后，大象就不怕蚊虫叮咬和太阳暴晒了。

## 长牙

长牙是大象的特征之一。这对门齿通常在小象两岁的时候就长出来了，并且一生都在不断生长。年纪大的大象，它的象牙甚至可以长到3米多长。长牙是大象的"刀叉"，可以用来剥树皮、挖树根，还能当作武器进行战斗。不过，生活在亚洲热带丛林里的亚洲象，雌象是不长象牙的。

## 用鼻子喝水？

在游泳时，我们都要小心别让鼻子进水，否则就会被呛到。但是大象居然会用鼻子喝水，难道它不怕被呛到吗？其实大象并不是直接用鼻子喝水的，而是先用鼻子吸水，再把鼻子插进嘴里，然后用力一喷，就喝到水了。大象的鼻腔里还有一块软骨，就像"闸门"一样可以阻止水跑进气管里。

# 群体迁徙的角马

从每年7月份开始，非洲坦桑尼亚塞伦盖蒂草原都会迎来最干旱的季节。为了寻找鲜草，上百万只角马聚集在一起，与瞪羚、斑马等动物组成一支迁徙大军。它们声势浩荡地向着水草丰茂的草原前进。

## 危险重重的旅途

当角马大军踏上迁徙之路时，就意味着它们将经历一段不平凡的旅程。在几个月的长途跋涉中，它们不仅要躲过狮子的围追堵截，还要穿越鳄鱼与河马的专属领地，所以必须时时提高警惕，避免危险情况的发生。除了这些，角马还有可能因摔倒而死在同伴们的脚下。这场动物界的大迁徙，留下了无数个震撼、惊险和悲壮的瞬间。

**太可怕了！有鳄鱼！**

角马迁徙必经的一站就是著名的马拉河，它是尼罗鳄与河马经常出没的地方。角马迁徙的季节，马拉河的水量暴增，河内激流汹涌，尼罗鳄与河马潜伏起来就更容易了。当角马大军经过的时候，这些凶猛的家伙就会找准目标，实施拦截和攻击。

# 穿着条纹外衣的斑马

快看！斑马的样子好奇怪呀！它浑身上下都是黑白条纹，就像穿了条纹外衣一样。如果我们想从一群动物中认出它们，一定是非常容易的事情。

## 斑纹的秘密

斑马身上的斑纹是有规律的，颈部和臀部的条纹很宽，鼻孔附近的条纹很细，身体两侧的条纹到身体下方就渐渐消失了。而且有意思的是，斑马身上的斑纹就像人的指纹一样，每一只都不相同。斑马身上的花纹有伪装和证明身份的作用。不仅如此，科学家研究发现，斑马条纹还能防止蝇虫叮咬呢。怎么样？斑马的"条纹装"很神奇吧！

## 打架有绝招

繁殖季节，雄斑马常常为了争夺伴侣发生激烈争斗。这时，它们会拿出自己的看家本领，猛力撞击对方的颈部。如果这种招式不能让竞争对手败下阵来，那么它们还会铆足劲儿啃咬对方，或是抬起前蹄狠狠地蹬踢情敌。几番较量之后，倘若一方战败狼狈逃走，胜利者就会与雌斑马一起生活，直到繁殖期结束。

## 逃生策略

斑马群一般由雌斑马和小斑马组成，它们互相帮助，亲如一家人。斑马家庭活动时，成年斑马会轮流担任放哨任务。一旦发现危险，"哨兵"会发出一种独特的嘶鸣声。这时，得到警示的斑马群立即进入防御状态，迅速奔跑逃离危险区。在奔跑的途中，斑马们还会故意扬起大片灰尘，扰乱敌人视线，十分聪明。

# 脖子惊人的长颈鹿

如果有人问你，世界上什么动物最高？毫无疑问，答案一定是长颈鹿。苗条的长颈鹿只需静静站立，身高就有 6～8 米，就连刚出生的长颈鹿宝宝也有 1.5 米高。所以，它们不用踮脚，一抬头就能轻轻松松地吃到大树上的叶子。

## 舌头的妙用

长颈鹿不但拥有引以为傲的长脖子，还有青黑色的长舌头呢！这个舌头除了布满黏液外，上面还有一层非常坚韧的硬皮，这样的话，长颈鹿在吃那些带刺的植物时，就不怕被刺伤了。

## 喝水有风险

长颈鹿可以长时间不喝水，它们身体所需的水分几乎都从食物中获取。此外，还有一个重要原因，长颈鹿在喝水时必须张开前腿，极力前倾，动作难度很大。而且在喝水时，如果受到其他动物的攻击，奇怪的喝水姿势会让长颈鹿来不及逃跑。所以一般情况下，长颈鹿宁愿渴着，也不愿冒险去喝水。

## 掰脖之战

雄性长颈鹿生性好战，为了树立威信，经常上演激烈的争斗。长颈鹿的交战方式非常特别，它们会缠住对方的脖子，像掰手腕一样使出全力互推。如果双方实力相当，那么这个比赛就有可能持续很长时间，直到一方主动认输离去为止。

# 狼，草原上的谋略家

草原的夜晚，格外寂静。"嗷——呜——"听！一声又一声的狼叫传来。别担心，它们是在向同伴传达某种信息，并不是要攻击人类。如果小狼走丢了，它听到狼妈妈的声音，就能找到回家的路！

## 小狼出生啦！

狼妈妈会选择一个十分隐蔽安全的洞穴生下自己的孩子。小狼刚刚出生时，看不到东西，也听不到声音，完全依靠狼妈妈的乳汁生活。大约3周以后，小狼慢慢有了听觉和视觉。等它们长得足够大时，就会被爸爸妈妈带到狼群生活。狼群成员们对小狼照顾有加，十分友爱。在此后的很长一段时间里，小狼都会跟随爸爸妈妈以及长辈们学习各种生存技巧，直到可以独立。

## 丰富的语言

与人类一样,狼也有丰富的语言,只不过,它们的语言多半是用叫声来表现的。狼的叫声富含多种含义,有的是召集成员,有的是寻找失散的伙伴和亲人,还有的是向敌人示警。其他成员如果接收到讯息,通常也会高昂着脖子号叫,予以回应。此外,狼有时也会用肢体语言表达情绪。例如,愤怒时它们偶尔也会立起耳朵,竖起背毛,龇出尖牙。

## 谁是首领?

狼是群居动物,有时组成几只的小群体,有时集结成几十只的大群。如果狼群是几个小家庭组成的,那么狼群的首领就是一对最厉害的夫妻。如果狼群成员是兄弟姐妹的关系,那么最强壮的狼将会成为"狼王",统领整个群体。平时,率领大家寻找食物、解决内部矛盾的工作通常都由狼王负责。

# 鼻子上长"匕首"的犀牛

犀牛不仅鼻子上长着一把"匕首"，身上还穿着一层厚厚的"盔甲"。可能是因为太强大了，犀牛的睥气有些暴躁，很少有动物敢招惹它。

### 它的"武器"能再生！

犀牛角是犀牛最厉害的武器。它是从皮肤里长出来的，并不属于骨骼的一部分。犀牛角的构成物质是角蛋白（我们的头发和指甲也是由这种物质构成的），所以即便折断也可以再生。

## 犀牛的好伙伴

　　犀牛体表皱褶之间的皮肤又嫩又薄，蚊虫专挑这些细嫩的地方下手，吸食犀牛的血液。不过不用担心，与犀牛朝夕相伴的犀牛鸟会伸出援助之手的。它们站在犀牛背上，不断啄食蚊虫，很快就能帮犀牛解决这些麻烦。此外，犀牛鸟如果发现有敌人想悄悄偷袭犀牛，就会飞上飞下叫个不停，及时发出警示，让犀牛准备迎战。脾气暴躁的犀牛有这样的好伙伴，实在是很难得。

## 挑食的犀牛

　　犀牛是食草动物，可是你知道吗？它们也有自己特别爱吃的东西：白犀牛喜欢吃那些低矮娇嫩的小草；黑犀牛喜欢吃嫩枝；而印度犀牛就不同了，它除了很爱吃草外，还爱吃嫩枝、水果和树叶；至于爪哇犀，则专吃那些小树苗、灌木和水果。

# 不会飞翔的 鸵鸟

鸵鸟是世界上最大、最重的鸟，可惜的是，这种大鸟并不会飞。不过，鸵鸟的奔跑能力却十分出众，强健有力的两条长腿迈一步就有几米远，简直令人惊叹！在非洲沙漠、草原上，我们时常能看到这些大鸟的身影。

### 长跑冠军

鸵鸟生来不会飞翔，但它们却是天生的长跑健将。一般情况下，鸵鸟的奔跑速度在每小时 60 千米左右，冲刺的速度更是可以达到每小时 70 千米以上。也许，这比起那些动物界的速度之王根本不足挂齿，但鸵鸟却可以凭借超强的耐力赢过它们。所以，论起持久奔跑的能力，鸵鸟可是有很大优势呢。

## 为什么如此耐热？

　　鸵鸟能在草原和沙漠生活，那里的气候变化无常，尤其是沙漠，环境很恶劣。鸵鸟为什么能适应如此严酷的环境呢？原来，鸵鸟体内有一套良好的循环系统，还有发达的气囊，可以随着环境变化调节体温。所以，即使气温达到 60℃，鸵鸟也不会感到不适。

## 沙子里有什么东西？

　　鸵鸟有将头部埋进沙土里的习惯。它为什么要这样做呢？难道真的是为了逃避危险吗？其实，并不完全是这样。鸵鸟这样做一方面是为了制造假象，埋头缩身让自己看起来更像石头、灌木，模糊敌方视线。另一方面是因为沙土里的昆虫很多，它这样做很可能是在寻找食物。

# 藏羚，草原上的精灵

　　美丽的青藏高原上生活着一种羚羊，它多栖息在海拔
4000～5300米的"生命禁区"，被誉为"可可西里的骄傲"。
它就是生命力极其顽强的藏羚羊。

## 藏羚羊的天堂

　　可可西里平均海拔4700多米，年平均气温都是零度以下，
这里异常寒冷、荒凉，不单是人类，很多动物在这里都无法生存。
那藏羚羊为什么愿意生活在这里呢？研究发现，可可西里虽然气
温低，空气稀薄，但属于高寒草原，生长着许多藏羚羊喜欢吃的
植被，所以这里就是它们的乐土。

## 迁徙大军

藏羚羊的行踪神秘，生活习性十分复杂，有的还有迁徙习性。不过，有迁徙习性的大都是雌性藏羚羊。每年 11～12 月，藏羚羊在青藏高原北部完成交配。第二年的 5～6 月，怀孕的藏羚羊和其他雌性藏羚羊组成一支迁徙大军，开始迁往卓乃湖、太阳湖等地产崽。产崽结束之后，雌性藏羚羊又将带领自己的孩子们原路返回，与雄性藏羚羊会合。

## 天敌

藏羚羊的天敌主要是狼、棕熊、秃鹫等肉食动物。不过，藏羚羊可是著名的奔跑健将，速度能达到每小时 80 千米，这些天敌要想追上它们也不是容易的事情。但是，那些年老体弱的藏羚羊就没这么幸运了，它们往往是天敌首选的追捕目标。

# 耐渴力极强的普氏野马

看！草原上跑过来一群普氏野马。它们跑得真欢畅，每个动作都潇洒自如，好像驾着风一样。普氏野马颈部的鬃毛直立着，长长的尾巴随风而动，再加上优美的体形，真像英姿飒爽的战士。

## 普氏野马名字的由来

各种各样的野马曾经遍布欧亚大陆，但因为自然环境的破坏以及人类的捕杀，到了 19 世纪，野马几乎绝迹。很长一段时间内，人们找不到野马的踪迹。19 世纪后期，俄国探险家普尔热瓦尔斯基在中国蒙古西部的科布多发现了野马的踪迹。1881 年，这种野马便以这位探险家的名字正式被命名为"普氏野马"。

## 不渴！不渴！

普氏野马多栖息在草原以及半荒漠地带。草原的旱季到了，水资源匮乏，环境非常恶劣。不过别担心，普氏野马的耐渴能力十分突出，它们甚至可以连续3～4天不喝水。只要吃些芦苇、蒿子等植物的茎叶，普氏野马就能够获得身体所需的大部分水分。

### 亲密的家人

普氏野马喜欢群居，每个野马群大约有5～20个成员。它们过着游牧般的生活，自由自在。家族成员感情深厚，团结友爱。平时它们还会为彼此清理皮肤呢！每当那时，两只野马就会相向而立，把头伸到同伴的身上，不停地啃舔对方的皮毛，给对方"美容"。

# 猎豹，速度之王

神奇的动物王国里有很多奔跑健将，但要说谁才是毋庸置疑的速度之王，那这个荣誉非猎豹莫属。它身姿矫健，奔跑起来就像一道闪电，猎物要想从它手下侥幸逃生，是非常困难的事情。

## 短跑冠军

猎豹是陆地上奔跑速度最快的动物，时速可以超过 120 千米。速度最快的猎豹可以在三步之内从静止加速到 100 千米以上，这样的奔跑速度让其他动物望尘莫及。同样，如果猎豹与人类举行短跑比赛，它也能轻松取胜。但是，猎豹只适合短跑，它一旦持续速跑 35 分钟以上，体温就会急速增高，身体也会进入虚脱状态。

## 擅长伏击术

　　因为长跑不是猎豹的强项，所以它不会轻易发起攻击。一旦发现捕猎目标，猎豹会从后面悄悄接近猎物，或埋伏在灌木丛中等待捕猎时机。当猎物距离自己足够近时，猎豹会突然跳起，像闪电一样将猎物扑倒，趁机咬住对方的脖子。等猎物死亡后，猎豹会将战利品拖到安全的地方慢慢享用。

## 速度的秘密

　　为什么猎豹会跑得那么快？动物学家经过研究发现，猎豹的脊椎骨十分柔韧，当它快速奔跑时，后爪居然能伸到前爪的前面，在这种情况下，身体会产生一种强大的推动力。而且，它的尾巴能起到至关重要的平衡作用，所以，猎豹能灵活自如地控制好速度。

# 喜欢潜水的河马

别看河马平时一副慢吞吞的样子，它可是个暴脾气，一旦发起怒来，就连凶猛的鳄鱼也得让它三分。平时，如果感觉自己的权威受到了挑战，河马就会暴跳如雷，张开血盆大口，疯狂进攻，所以一般情况下，动物们都对它敬而远之。

## 怎样降温？

河马身上没有汗腺，不能像其他动物那样通过出汗来调节体温，所以河马无法在没有水的环境中待太久。为了降温，河马几乎时时泡在水中。不过，河马的皮肤有一种特别的腺体，这种腺体可以分泌出红色的黏稠液体，能帮助河马"防晒"，还能防止蚊虫叮咬。

## 泡水法宝

河马的眼睛、耳朵和鼻孔都长在头顶上。正是这种构造，给它带来了很多便利。河马泡在水中时，只需要把头顶露在外面，就可以呼吸、观察周围的动静了。所以，河马能静静地埋伏在水中，伺机捕杀猎物。

## 领地之战

河马的领地意识很强，绝不允许自己的地盘被入侵。雄性河马常常为了争抢领地爆发激战。它们会先大张着嘴巴，向对方挑衅、示威，如果双方都不退让，大战就不可避免。这场战斗会持续几个小时，最后常常以失败者的死亡而告终。

# 秃鹫，腐肉清洁工

自然界中有一种猛禽，它既不善飞翔，又没有高超的捕猎技能，但却以独特的食性闻名于世，它就是被誉为"腐肉清洁工"的秃鹫。草原上的动物尸体时常散发着难闻的气味，可秃鹫才不在乎这些呢！在它眼里，腐肉就是难得的美味！

### 谨慎的秃鹫

草原上的动物很多，而且大都集群生活，秃鹫熟知这一点。所以它一旦发现有动物孤零零地躺在地上，就知道自己的就餐机会来了。不过，谨慎的秃鹫不会被美食冲昏头脑。就餐之前，它会三番五次地试探，确认动物是否已经死亡。直到证明此次进食万无一失，秃鹫才会狼吞虎咽地享用大餐。

## 我会滑翔！

秃鹫的飞翔能力并不出色，不过它却很会滑翔。秃鹫的翅膀又大又宽，滑翔时只要掌握气流规律，就能自如驾驭方向。所以，我们看到秃鹫可以长时间在空中翱翔，不必扇动翅膀。比起很多鸟儿，这个飞行方式真是省了不少力气。

## 吃肉有秘诀

秃鹫的嘴巴前端有一个十分锐利的钩，当它想要吃腐肉时，只需要轻轻一啄，动物坚韧的外皮就会裂开一个小口，露出里面的血肉。秃鹫的头部裸露，可以深入到动物尸体腹腔掏食。而秃鹫颈部的一圈羽毛，就像餐巾一样，能防止残渣溅到身体上。

# 尼罗鳄，爱潜伏的杀手

尼罗鳄是非洲最大的鳄鱼，也是鳄鱼家族的巨型杀手。它除了吃昆虫和小型无脊椎动物外，还专门捕食羚羊、斑马、水牛等大型哺乳动物，就连河马、狮子等猛兽也有可能成为它的腹中餐，可见尼罗鳄有多么强大！

### 习性知多少

尼罗鳄主要生活在非洲草原的河流以及湖泊中，著名的尼罗河中就经常能看到它的身影。夜里气温不高，尼罗鳄躲在水中静静休息。早晨太阳出来后，它会爬上岸享受日光浴。平时，为了保持平衡，尼罗鳄不得不给身体加些"砝码"，吞下一些坚硬的小石块。

### 它也有伙伴？

别看尼罗鳄这么凶猛，牙签鸟可不怕它！相反，它们还是非常亲密的伙伴呢。这是因为，牙签鸟经常跑到鳄鱼身上、嘴里捉虫子吃，为尼罗鳄解决了很多不必要的麻烦。而且牙签鸟的感官十分敏锐，察觉到风吹草动就会向尼罗鳄示警。这么尽职尽责的伙伴，也难怪尼罗鳄会向它展示温柔的一面。

## 狩猎开始！

　　马拉河是角马迁徙的必经之路，这里就埋伏着很多尼罗鳄。它们隐藏在湍急的水流中，等待狩猎的好时机。当角马群浩浩荡荡地渡河时，尼罗鳄趁机锁定目标发动突然袭击，一口咬住惊慌失措的角马，让它瞬间毙命，再把它拖入水中，慢慢享用。

# 等级制度森严的 狒狒

瞧！小狒狒又跟妈妈出来散步了，它就像撒娇的孩子，居然还趴在妈妈的背上。狒狒妈妈无论外出觅食还是散步，都会带上小狒狒，别提多疼爱它了。

### "首领" 特权

狒狒喜欢集群生活，常组成很多小群。每个小群里都有一个"首领"，这个首领不仅要身体强壮，身材魁梧，毛色也要足够出众才行。一旦成为"首领"，这只狒狒将会受到至高无上的尊崇。例如，当它从其他狒狒旁边经过时，别的狒狒要对它行注目礼；休息和吃饭时，它要坐在中心的位置；群体出行时，它要率队走在最前面。

## 随遇而安

狒狒食性比较杂，草叶、草根、草茎以及草种都是它们的食物。因为要花费很长时间细嚼慢咽，狒狒一餐通常得需要两三个小时。为了寻找足够的食物，狒狒们一直过着游牧般的生活，走到哪里就以哪里为家。不过，它们一点儿也没有漂泊的心酸，反而经常自娱自乐，没事儿就喜欢跳舞、翻跟头。

## 母爱最伟大

雌性狒狒一胎只生一个宝宝，它们对自己的孩子呵护备至。小狒狒出生后，会先在妈妈的腹下待一段时间。为了不让自己掉下来，小狒狒只能紧紧地抓住妈妈的肚皮。出生 3 个月左右，小狒狒就能转移到妈妈的背上了。12 ～ 18 个月以后，小狒狒才开始慢慢独立，外出觅食。

# 草原精灵 大耳狐

非洲草原热闹而危险，大耳狐就生活在这里。听名字就知道大耳狐有一对大耳朵。大耳狐依赖大耳朵觅食、洞察危险，在草原上生活。

## 亲密的一家人

大耳狐父母和它们的孩子生活在草原上，一家人非常亲密，它们给彼此梳理毛发，用鼻子碰触对方的身体表示亲密。大耳狐的宝宝出生在深深的地下洞穴里，头几个月，大耳狐宝宝只吃妈妈的乳汁。当它们挤在一起吃饭时，大耳狐爸爸一直警惕地观察着周围，保护家人的安全。

### 爱吃虫子

昆虫是大耳狐最喜欢的食物。小虫在草中发出的沙沙声，人的耳朵是听不到的，但大耳狐却能清楚地听见。大耳狐的大耳朵扫过地面，不论美食藏在哪里，它们都能找到食物的位置。

### 快躲开，危险来啦！

大耳狐每天都要面对不同的挑战，危险不仅来自于食肉的猎食者们，奔跑的斑马和角马同样需要警惕。因为小小的大耳狐如果不小心被它们踢或踩一下，那就有可能丧命。通常，大耳狐一家会躲进洞穴里，深而牢固的洞穴足以承受斑马和角马们的"铁蹄"。

41

# 天生猎手金雕

无论是草原、荒漠，还是森林、河谷，甚至在海拔 4000 米的丛林，都能发现金雕的身影。它那巨大的翅膀、锐利的目光、致命的利爪，处处都彰显着猛禽之王的风范。只要金雕用眼睛随便一扫，猎物就会无所遁形，因此它也被誉为"天生猎手"。

## 凶猛出击

金雕是天空的王者，它常常在高空中一边盘旋，一边俯视地面，搜寻猎物。它用灵活的翅膀和尾巴调节飞行的姿势、方向和速度。在它锐利的目光下，任何猎物都无所遁形。发现目标后，金雕会以每小时 300 千米的速度俯冲而下，贴近地面，出其不意地向猎物扑过去，将对方置于死地。

## 绝佳的视力

用目光如炬来形容金雕再合适不过了，它应该是眼力最好的鸟类之一。金雕的眼睛和人眼差不多大小，但它的视力是我们的8倍。它的视网膜上有很多感光细胞，这正是金雕视力如此出众的主要原因。研究表明，如果背景反差明显的话，金雕可以看清千米之外的野兔。

## 不固定的住所

金雕是十分专情的猛禽，除非配偶意外死亡，否则它们将终生陪伴对方。金雕夫妻的巢穴很多，一般有3～9个，每个巢穴之间相差好几千米。不过，这些巢穴总有一两个是它们比较偏爱的。金雕的巢穴有些简陋，主要由树枝和树叶组成。

# 善于跳跃的 袋鼠

动物界有个跳远能手，没错，它就是生活在澳大利亚的袋鼠。袋鼠不会行走，只会跳跃，一下就能跳很远！

## 生活在袋子里的"婴儿"

小袋鼠刚出生时，会被袋鼠妈妈放到育儿袋中喂养。育儿袋就像一个神奇的世界，小袋鼠的所有活动都在里面进行。等到四五个月大的时候，活泼的小袋鼠就能探出头来，观察外面的世界了。在小袋鼠成长发育的过程中，袋鼠妈妈需要不定时地用舌头"清扫"育儿袋，让小袋鼠住得更加舒服。一年以后，小袋鼠才能脱离育儿袋，完全到地面生活。

## 别惹我！

袋鼠喜欢群居，经常大规模聚集在一起。不过，看似团结的袋鼠为了争夺家族地位和交配权，也会爆发激战。袋鼠争斗时，有一套独特的制敌方法。它们会以粗壮的尾巴为支点站立起来，然后"手脚并用"，全力厮杀。必要时，它们还会出其不意，用后腿狠踢对方，让对方败下阵来。

## 外来者，不欢迎

袋鼠的家族观念根深蒂固，甚至有些不近人情。当外来成员想要进入一个群体时，固有家族成员往往态度非常恶劣。而且，就算是本家族成员久出归来，成员们也不欢迎它。如果新成员想要融入这个集体，必须接受大家的教育，了解一些团体规矩。

# 能伸能缩的刺猬

哇！自然界里居然还有刺猬这样的动物，它浑身上下长满了短短的棘刺，好像穿了一件"针衣"似的。也多亏有了这件特制的"衣服"，刺猬才能在险象环生的大草原上生存下来。

有危险！我缩！

刺猬除了头、腹部和尾巴以外，全身都长满了尖刺。虽然有尖刺护身，这些小家伙胆子还是很小。它们受到惊吓时，不会慌不择路地逃跑，而是迅速将头、脚缩到肚子下面，让身体变成一个圆球，竖起身上的棘刺进入防御状态。敌人再怎么厉害，面对这一根根尖刺也难以下嘴，只能无奈放弃。

## 长鼻子

　　刺猬长着一个长鼻子，它的嗅觉和触觉出奇地灵敏。刺猬捕食时，喜欢把鼻子贴在地面上，不停地嗅来嗅去。如果闻到地下猎物的气味，刺猬会用爪子挖开一个洞，把布满黏液的长舌头伸进去灵巧地一转，就能把白蚁、蚂蚁一网打尽，享用丰盛的一餐。

## 刺猬宝宝

　　刺猬妈妈怀孕30天以后就能生下小刺猬了。刚出生的小刺猬身上长着100多根小刺，视力不是很好，依靠母乳生活。8周以后，刺猬妈妈为了让孩子早点独立，会教授小刺猬很多觅食技巧。大约两个月后，小刺猬就能自己捕食了。

# 跪着进食的 疣猪

疣猪的样子有些吓人，大大的头，锋利的獠牙，以及面部突兀的疣，都让人觉得它面目狰狞。实际上，疣猪只是外表长得凶悍而已，除了那几颗獠牙，它没有什么武器，食肉猛兽经常欺负它。

## 偏爱泥浆浴

疣猪非常喜欢泥浆浴。草原雨季，地面会形成很多天然的小泥塘，这是疣猪的乐园。它们在里面打滚、嬉戏，玩得不亦乐乎。千万不要认为沾满泥巴的疣猪不爱干净，实际上它们这样做是在保护自己。经常洗泥浆浴，不仅可以消暑降温，还能防止蚊虫叮咬，一举两得。

## 聪明的疣猪

　　疣猪虽然不是"战场"上的猛士，但也有自己的一套生存策略。它平时大都穴居，这样不仅可以免去阳光暴晒的困扰，还能躲避猎食者。每次回穴时，疣猪几乎都是倒退着进去的，头部始终对着洞口，这样它就能及时发现敌情了。外出觅食，疣猪也不会给守在洞口的敌人可乘之机，它会突然冲出洞口，将敌人甩在身后。

### 杂食

　　疣猪是典型的杂食动物。它平时主要吃些青草、苔草以及块茎类植物，偶尔也吃些腐肉。不过，最特别的是，疣猪在吃食、喝水的时候是跪着的。那特殊的门齿不费力就能咬断嫩叶，旱季还能挖出根茎来吃。

# 结队飞行的鸿雁

在茫茫的塞外草原上，我们遥望苍穹，时常能看到一队鸿雁飞过。它们列着整齐的队形，一路高歌，直到消失在无边的天际……

## 鸿雁的模样

鸿雁体形较大，长长的脖子漂亮又优雅。黑黑的嘴巴与额头形成一条直线，中间还有一条狭窄的白色条纹。头顶以及颈部背侧是棕褐色的，前颈部的羽毛是纯白色，而脸颊上的羽毛则是浅黄色。此外，鸿雁还长着一双橘色大脚。这些显著的特征，让我们轻易就能认出它来。

### 哪里最常见？

鸿雁喜欢栖息在开阔的平原上，湖泊、水塘、沼泽和河流等地是它们的居住地，这些地方附近植物茂盛，食物丰富，还容易隐藏，安全又可靠。不过，因为季节的原因，鸿雁经常搬家，山地平原和河谷地区也会有它们的足迹。

### 危险来了，赶紧逃！

鸿雁比较机警，休息时也有专职的"哨鸟"负责警戒，它们通常站在高高的地方为大家放哨。一旦有人或动物靠近，"哨鸟"就立即发出警示声，其他鸿雁接到暗号，会迅速起飞，逃离危险区。鸿雁的身体有些笨重，但这丝毫不影响它们的飞行能力。

# 机敏胆小的狐狸

对于狐狸，小朋友们一定不陌生吧？在很多童话故事中，狐狸都以狡猾的形象出现，但现实中的狐狸机敏又胆小，而且它喜欢吃老鼠，说起来还算人类的朋友呢！

### 可爱的小狐狸

小狐狸出生在春暖花开的季节。刚出生时，它们除了粉粉的鼻尖，浑身都是灰黑色。这时的小狐狸看不见东西，只能依靠妈妈喂养和保护。大约一个月以后，小狐狸开始长出浅棕色的毛，眼睛也变大了。它们的四肢有了力量，可以在妈妈身边跑来跑去。再过一段时间，小狐狸经过发育，长得会越来越像妈妈。

## 换衣服了！

    狐狸的皮毛光滑柔顺，真让人羡慕。其实，它们每年都会换一次毛哟！春天，狐狸开始掉毛，到了炎热的夏季，它们已经变成光秃秃的了。秋天，天气逐渐转凉，狐狸新的绒毛渐渐开始长出来。等寒冷的冬天来临，它们已经长出了一身厚厚的毛。就这样，狐狸每年都会换一次外衣。

## 为儿女搬家

    狐狸的警惕性很高，平时行事十分谨慎。如果它知道别的动物发现了自己的洞穴，为了保护小狐狸，一定会立即"搬家"，让敌人找不到它们。

# 跳羚，动物界的跑跳健将

在一些热带稀树草原，我们时常能看到跳羚的身影，它们是天生的跑跳"健将"。除了猎豹和叉角羚，恐怕没有什么动物敢与它们进行跑跳比赛了。

## 英俊的跳羚

跳羚身形修长，长得也十分"英俊"。它背部是明亮的肉棕色皮毛，肚皮白白的，很干净；腰侧有一条巧克力色宽条纹，好像个性的装饰物；最特别的就要数它的脸了，上面的红棕色条纹从眼睛一直延伸到嘴角，非常显眼。跳羚无论雄雌都有角，因此区分起来并不那么容易。

## 有危险？我跳！

　　草原上有很多猛兽，危险无处不在，跳羚也经常成为这些猛兽的追击目标。不过，跳羚不像其他羚羊那么柔弱。当危险来临时，跳羚会不停地跳跃，扰乱敌人的视线；或是用忽左忽右的跳跃方式躲避敌人的追击。

### 小跳羚出生了

　　小跳羚要在妈妈的肚子里待 175 天左右，才会来到这个世界。出生后不到几个小时，这些小家伙就能又蹦又跳了，十分活泼。大约 5 ～ 6 个月以后，一直靠妈妈哺乳的小跳羚开始自己吃草。不过，它们会一直跟家族成员在一起。

# 受欢迎的土拨鼠

土拨鼠也被称为"草原犬鼠"，是大草原的常住居民。因为外表可爱，又容易驯养，它们非常受欢迎。在一些生态影片里，土拨鼠也经常参演各种角色，谁让它们那么上镜呢。

## 相亲相爱的一家人

土拨鼠是群居动物，一生都与亲人生活在一起。它们组成了一个又一个大家庭，并拥有一片领地。每个土拨鼠家庭由1～2只雄鼠、1～6只雌鼠以及它们的后代组成，它们休息、觅食以及交配等活动都在自己的领地中进行。不仅亲人之间相处融洽，土拨鼠邻里之间也相当友善，基本不会打架。

## 御敌有秘诀

土拨鼠是很多肉食动物的捕猎对象。在草原上，很多猛禽和肉食哺乳动物都喜欢捕捉这些小家伙。土拨鼠的洞穴就像一个设施完善的地道系统，既有防水的"护城河"，又有紧急避难室，甚至还有食物储藏室和厕所。如此完备的设置，难怪有些天敌在捕杀土拨鼠后，会抢占它们的"城堡"了。

## 我们能做各种动作！

土拨鼠之所以这么受欢迎，很大一部分原因是它们能做各种可爱的动作。它们可以自由站立、蹲坐，尾巴还能像小狗一样摇动。此外，为了相互之间容易辨认，土拨鼠还会用"亲吻"礼仪确定气味和信息。

# 行踪神秘的土狼

土狼外形与条纹鬣狗十分相似，一不留神就会把它们认错。土狼比较勇猛，时常成群围攻其他动物。不过，土狼的牙齿不够坚固锐利，所以只能吃些柔软的腐肉和昆虫。

群居

土狼多生活在视野开阔的半荒漠草原或荒漠。它们也是群居动物，有时会组成多达 80 只的大群。在这个庞大的群体中，雄性占主导地位，拥有较多的"话语权"。土狼一般只在夜间出来活动，所以行踪十分神秘，难得一见。

要说草原上哪种动物最会运用群攻战术，答案一定是土狼。倘若敌人来犯，土狼就会召集自己的伙伴将对方围在中间，向敌人发起猛烈攻击。即使猎豹、狮子这些出了名的猎食者，也常常抵挡不住这种攻势，只能溃败而逃。所以，在草原上生活的猛兽都深知，单只土狼不足为惧，但成群的土狼就没有那么好对付了。

### 我发怒了！

很多猛兽示威的时候都会张开长满锋利牙齿的大口，展示自己的实力。但土狼却不同，它发怒时会竖起背部的鬃毛，以增大体形，让自己看起来更有气势。如果敌人不吃这一套，土狼则会从肛门释放出一种臭液。捕食者纵使再饥饿，闻到如此难闻的气味，恐怕也没有什么食欲了吧。

# 非洲水牛，危险的素食者

非洲水牛是非洲草原最危险的猛兽之一。它性情十分凶猛，暴躁易怒，时常攻击其他动物，就连狮子也不是它的对手。非洲水牛人见人怕，如果看到它一定要躲得远远的，不然可是有性命之忧的。

## 无水不欢

非洲水牛是群居动物，族群首领通常由强壮的雌性担任。除了要承担统领族群的任务之外，雌性首领还享有先吃草粮的权利。非洲水牛无水不欢，它们的栖居地离水源很近。白天天气炎热，聪明的非洲水牛是绝对不会外出的，它们待在水边冲凉、泡澡，这时哪怕洗个泥浆浴，对它们来说也是一种享受。

## 惊心动魄的激战

在非洲草原，凶猛的狮子一直是非洲水牛强劲的敌人。无论是以前还是现在，它们之间的战斗似乎从来就没有停止过。狮子十分懂得配合作战，它们经常锁定那些弱小的非洲水牛，作为进攻对象，然后以群攻方式与对方缠斗。非洲水牛的爆发力强，可弱小者终究寡不敌众，在激战一段时间后，无奈变成狮子的美餐。

## 作战杀手锏

虽然多数情况下，非洲水牛免不了被狮子围剿的命运，但暴躁易怒的非洲水牛也有自己的杀手锏，因为它们的粗角和蹄子能在关键时刻派上用场。如果动作精准、体格强健，非洲水牛还是很有杀伤力的。

# 凶恶的美洲獾

胖胖的美洲獾四肢短粗，身上长着青灰色的皮毛。比较特别的是，它面部中间有一条白色条纹，一直从鼻尖延伸到肩部，好像刻意画上去的图案。

## 食物丰富

美洲獾不必担心自己没有东西吃，因为它的食谱相当丰富。美洲獾比较喜欢捕捉鼠类和昆虫，但倘若有幸遇到蚁巢和蜂巢，它也会毫不犹豫地出击。此外，美洲獾的捕食名单上还有鱼类、蛙类、各种鸟类以及很多小型哺乳动物，就连秃鹫钟爱的腐肉，美洲獾也会吃。

## 多种防御战术

美洲獾虽然体形不大，但性情十分凶猛，发起威来甚至可以击败鬣狗和郊狼。要知道，那些家伙战斗力十分强悍，能把它们打败，美洲獾的实力可见一斑。与敌人正面交锋时，美洲獾会竖起体毛，尽量保护身体。当敌人过于强大时，美洲獾则会利用挖洞优势趁机逃跑。美洲獾还会在必要的时候喷射出刺鼻的尿液。

## 挖洞进行时

美洲獾是十分出色的挖洞高手。它感知到田鼠的气味时，会迅速将头部朝下，用前爪猛力挖掘泥土，追击来不及转移的猎物。出众的挖掘能力可以让美洲獾在很短的时间内就建成一处居所。不过，美洲獾似乎不太喜欢长时间住在一个地方，每隔几天就会换到新的"房子"里居住。

# 蛇鹫，草原无影脚

单看蛇鹫的外表，你很难把它与猛禽联系在一起，因为它身材高挑，很像鹤类。事实上，蛇鹫像其他猛禽一样凶猛，拥有非常高超的捕食本领。

## 蛇的天敌

蛇有很多天敌，蛇鹫就是其中之一。虽然蛇鹫遇到蛇的概率并不高，但二者一旦相遇，蛇鹫必会痛下杀手。不过，蛇鹫似乎很享受捕蛇的过程。它会颇有闲情地在蛇的周围逗弄和挑衅，等到对方筋疲力尽之时再主动出击。

## "无影脚"的威力

蛇鹫的双腿看起来有些细，殊不知这个性的"大长腿"却总能在关键时刻发挥出强大的威力。蛇鹫用力一踢，就能让很多猎物毫无反击之力。何况蛇鹫还会猛力跺踩、摔打猎物，再将这些猎物匆匆吞下。所以只要蛇鹫出手，猎物存活的可能性就微乎其微。

## 不爱飞行爱走动

蛇鹫的小腿和脚面上长满了角质鳞片，当它们在草原上行走时，这些鳞片可以保护它们不被灌木丛刺伤。而且，如果敌人想攻击蛇鹫下肢也无从下口。蛇鹫的步姿总给人一种昂首阔步的感觉，非常威武。其实，它们既不是在散步，也不是在巡视领地，而是在搜寻猎物。

# 四爪陆龟，草原上的龟丞相

四爪陆龟以每只脚都有四个脚趾而得名。它步履蹒跚，走起路来有些像老人家。需要注意的是，这位"龟丞相"终生生活在陆地上，所以才会被叫作陆龟。四爪陆龟不仅会冬眠，就连夏天也会休眠呢。

## 它长什么样?

四爪陆龟的头很小，四肢是黄色的，前肢粗壮略扁，后肢则像圆圆的柱子一样。四爪陆龟的龟壳多是草绿色或黄橄榄色，上面还有大小不一的黑斑，仿佛穿了一件带斑点的铠甲。除此之外，四爪陆龟还长着一个锯齿状的嘴巴。这些身体构造非常有利于它在草原上爬行、捕食。

## 食性

比起肉，四爪陆龟更喜欢吃些素食。类似蒲公英、野葱这类植物的枝叶和花果，四爪陆龟都喜欢吃。不过，它也懂得荤素搭配，偶尔会捕捉一些昆虫来调剂饮食。有趣的是，四爪陆龟比较喜欢喝水，喝水的时候还经常发出"咯咯"声。

## 洞穴有讲究

四爪陆龟生命中的大部分时间都在洞中静静休息。它的洞穴分为两种，一种是用作隐藏的临时栖所，一种是可以长时间休眠的洞穴。临时栖所多隐匿在蒿草植物附近，比较浅；而用来休眠的洞穴就高档一些，多建在向阳的山坡上，深的达 2 米以上。对四爪陆龟来说，临时栖所可以将就，但休眠洞穴却不能太简单。

# 灰冕鹤，头戴皇冠的精灵

在非洲撒哈拉沙漠以南干旱的大草原上，我们时常能看到灰冕鹤的身影。它们或忙着筑巢，或轻声鸣叫着从天空飞过，或伫立在树上、池塘中静静地凝望远方。这些头戴皇冠的精灵，是非洲人民最喜爱的鸟类之一。

## 美丽的外表

灰冕鹤的羽毛多是灰色的，不过它那大翅膀上的羽毛却是纯净的白色，十分显眼。最特别的是，灰冕鹤的头上有一束金羽毛冠，像极了闪闪发光的皇冠，漂亮极了！它面部两侧白白的，鸟喙又短又粗，喉上还有一个鲜红色的气囊。灰冕鹤走动的时候，这个红囊还会左右摇摆，分外可爱。

## 鸣叫有深意

灰冕鹤的叫声轻柔，格外动听，它的鸣叫基本集中在黎明、中午、子夜等时间。除了每天例行鸣叫外，灰冕鹤在求爱过程中也会大声"高歌"，向异性传达爱意。这时，它还会鼓起红红的喉囊，并以跳舞、鞠躬、蹦跳的方式吸引对方的目光，非常有趣！

## 在树上栖息

灰冕鹤喜欢栖息在树上，这和其他鹤类不一样。灰冕鹤的后趾较长，善于抓握，再加上身形细小，因此在树上活动、筑巢完全没有问题。至于其他鹤类，除了灰冕鹤的近亲黑冕鹤，都没有这个本领。

# 美洲草原特有的大食蚁兽

看！大食蚁兽走路时长嘴不停地在地上嗅来嗅去，真的好有趣呀！你知道吗？大食蚁兽这样做其实是在寻找白蚁和蚂蚁。大食蚁兽的嗅觉非常敏锐，只要发现猎物，就会从管状的长嘴中快速伸出长舌，将猎物一网打尽。

**捕食去喽！**

大食蚁兽的前爪十分锐利，能轻松扒开坚硬的白蚁家，然后把又长又黏的舌头伸进去舔食白蚁，这样的攻击一般只持续几分钟。温柔的大食蚁兽不会对蚁窝造成太大的伤害，等大食蚁兽走后，那些幸存下来的白蚁很快就能修补好自己的"宫殿"。

## 尾巴 = 毛毯

　　大食蚁兽平时有些"懒散"，不仅走起路来慢吞吞的，一天还要休息长达 15 个小时的时间。大食蚁兽对休息地点几乎没有要求，随便在地上挖个浅洞就能躺下。入睡之前，它们会调整睡姿，用粗大的尾巴盖住身子。这样做不仅能保暖，还能起到伪装的作用，不让其他动物发现自己。

## 我要妈妈背！

　　大食蚁兽宝宝出生以后，会随妈妈一起生活。这期间，大食蚁兽妈妈常把孩子放在自己的背上，带它们外出散步、觅食。而大食蚁兽宝宝也十分享受这些温馨的时刻，它们乖乖地趴在妈妈背上。通常情况下，大食蚁兽宝宝在妈妈背上生活的时间可达 1 年之久。

# 蜣螂，勤恳的"清洁工"

蜣螂，也就是我们平时所说的屎壳郎。因为蜣螂终日与粪便为伍，爱滚圆圆的粪球，很多人都觉得它脏兮兮的，殊不知它其实为自然界清理了很多垃圾，是十分合格的清洁工哟！

## 粪球的秘密

　　草原上有很多动物的粪便，这是蜣螂理想的食物。它们在进食的时候，还会滚起圆圆的粪球，并把这些"口粮"运回洞穴中。接着蜣螂妈妈会把卵产在潮湿的粪球上。几天以后，蜣螂宝宝就出生了。这些小家伙从出生起，就有足够的食物，实在是很幸福。粪球可是蜣螂宝宝的乐园呢！

## 出众的清洁能力

　　蜣螂虽小，食量却很大，一天之内就可以吃掉超过本身体重的食物。除了南极洲外，蜣螂的身影遍布各大洲。

## 蜣螂大军

　　雨季到了，草原植被茂盛，动物们的食物也丰富起来。尤其对大象这些食量惊人的动物来说，更是享用食物的好时机。这样一来，草原地面上的粪便也猛增起来。不过不用担心，成千上万的蜣螂会解决这个难题。它们时常会在雨季开始后的四五天内组成一支支清扫大军，将层层粪便一扫而光。

# 拥有"铠甲"的三带犰狳

三带犰狳（qiúyú）身上有一层硬硬的骨质鳞甲，好像穿着铠甲一样，十分威武。三带犰狳的"铠甲"分成三部分，其中中段的"铠甲"呈带状，和肌肉连在一起，可以自由伸缩。三带犰狳的名字就由此而来。

## 挖掘本领

三带犰狳的嗅觉非常灵敏，甚至可以闻到地面以下20多厘米处的猎物散发的气味。锁定目标后，它会用爪子迅速刨开土地，将来不及逃跑的猎物一网打尽。蚂蚁、白蚁以及一些土壤中的蠕虫常常在没有察觉的情况下就被捕食了。

很多犰狳遇到敌人时，会挖洞逃跑。而三带犰狳的逃跑方式没有那么狼狈。它会静静地停在原地，将身子蜷缩成一个球，只把坚硬的"铠甲"露在外面。敌人即使再强大，面对如此难以下口的硬球，也只能无可奈何地放弃。此外，三带犰狳有时也会故意在硬球上留出一道缝隙，等敌人探入趾爪时，再将它突然关闭，给敌人以打击。

## 标记地盘

不觅食的时候，三带犰狳会在草地上走来走去。它们走路时，前足仅以足尖着地，后足则平实地拍打在地面上，所以步履看起来十分轻盈。三带犰狳有自己的势力范围，为了让其他动物明确这点，它们会用自己脸上、足趾以及臀部的分泌物对地盘进行标记。

# 身强力壮的 土豚

草原上有一种挖掘高手，它有着粗短的身体、类似猪的口鼻以及细长的大耳，它就是长相怪异的土豚。

土豚的嗅觉十分灵敏，可以准确侦察到蚂蚁或白蚁的位置。它的两只前蹄上各有四根铲子状的硬甲，能够轻松挖掘地洞和蚁穴。一旦发现目标，土豚几分钟之内就可以将蚁冢挖开，用它那又长又黏的舌头将白蚁舔舐出来，不经咀嚼就吞下肚子。据统计，一只土豚一晚上就能吃掉 5 万只白蚁，胃口确实大。

土豚属于杂食动物，除了最爱的蚁类外，也吃一些昆虫和鸟蛋。不仅如此，它偶尔也捕捉啮齿类动物改善一下"伙食"。土豚进食时喜欢囫囵吞下食物——它一点也不怕消化不良，因为它的胃具有研磨功能，可以将食物磨碎。

土豚主要栖息在丘陵和半草原地区，多独自生活在较深的洞穴中，性格比较孤僻。土豚的胆子特别小，白天几乎不怎么外出活动。到了晚上，休息了一天的土豚才会跑出来寻找食物。土豚的自卫能力比较差，如果碰到敌人，它很少反击，基本上都是快速逃回洞里，躲藏起来。

# 非洲野犬，喜欢围猎的英雄

非洲野犬身上有很多斑块，就像画家随意描绘上去似的。不可思议的是，没有哪两只非洲野犬的斑块是相同的。

## 它的特征是什么？

　　非洲野犬身上的斑块虽然大小不一，但多为黑色、黄色或白色。它是唯一前肢上没有爪的犬科动物，而且它的前臼齿比其他犬科动物的都要大，因此咬力特别强，甚至可以磨碎坚硬的骨头，这个本领堪比鬣狗。

## 群体生活

　　非洲野犬也是群居动物，常组成 7 ~ 15 只的小群体，占据一块领地。这个群体由一对身强力壮的非洲野犬担任领袖，成员之间彼此团结、信任，十分和谐。当群体中有成员生病时，其他非洲野犬就会像照顾孩子一样，给它无微不至的关怀，有的还会把自己捕获的食物让给这些患病者。

## 合作捕猎

　　身为犬科动物的一员，非洲野犬作战捕猎十分勇猛。它们通常会采用群攻战术，合力围剿羚羊等有蹄动物。如果猎物跑得很快，非洲野犬就会发挥自己的优势，迅速追击，直到狩猎成功。倘若途中有的同伴没有跟上，非洲野犬则会通过叫声向它们传达方位信息。之后，满载而归的非洲野犬便会把食物带回领地，分给妻子以及后代们。

## 死敌

　　鬣狗爱抢夺其他动物的食物，非洲野犬深受其害，所以一见到单只鬣狗，它们就会痛下杀手。鬣狗即使再勇猛，也难敌非洲野犬们的围攻，挣扎一番之后，往往只能无奈地死去。